Impressum
Verlag: BABADADA GmbH, Nedderfeld 112 , 22529 Hamburg
Geschäftsführer / Verlagsleitung: Harald Hof
Druck: Books on Demand GmbH, In de Tarpen 42, 22848 Norderstedt

Imprint
Publisher: BABADADA GmbH, Nedderfeld 112 , 22529 Hamburg, Germany
Managing Director / Publishing direction: Harald Hof
Print: Books on Demand GmbH, In de Tarpen 42, 22848 Norderstedt, Germany

Šola

skole

Deljenje
dividere

Tabla
tavle

Razred
klasseværelse

Šolsko dvorišče
skolegård

Učitelj
lærer

Papir
papir

Pisalo
pen

Pisalna miza
skrivebord

Ravnilo
lineal

Knjiga
bog

Pisati
skrive

Učenec
elev

Šolska torba

skoletaske

Peresnica

penalhus

Svinčnik

blyant

Šilček

blyantspidser

Radirka

viskelæder

Risalni blok

tegneblok

Risba

tegning

Čopič

pensel

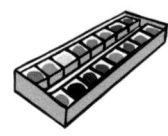

Vodene barvice

æske med vandfarver

Škarje

saks

Lepilo

lim

Zvezek

opgavehefte

Domača naloga

lektie

12

Število

tal

2+2

Seštevanje

addere

5-2

Odštevanje

subtrahere

2×2

Množenje

multiplicere

Računanje

regne

A

Črka

bogstav

ABCDEFG
HIJKLMN
OPQRSTU
VWXYZ

Abeceda

alfabet

hello

Beseda

ord

Besedilo

tekst

Brati

læse

Kreda

kridt

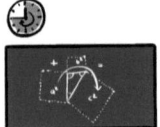

Učna ura

time

Redovalnica

klasseprotokol

Preizkus znanja

eksamen

Spričevalo

karakterbog

Šolska uniforma

skoleuniform

Izobrazba

uddannelse

Enciklopedija

leksikon

Univerza

universitet

Mikroskop

mikroskop

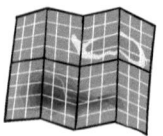

Zemljevid

kort

Koš za smeti

papirkurv

Potovanje

rejse

Hotel
hotel
Grand
Hostel
herberg
ROOMS
Menjalnica
vekselkontor
Kovček
kuffert
Avtomobil
bil

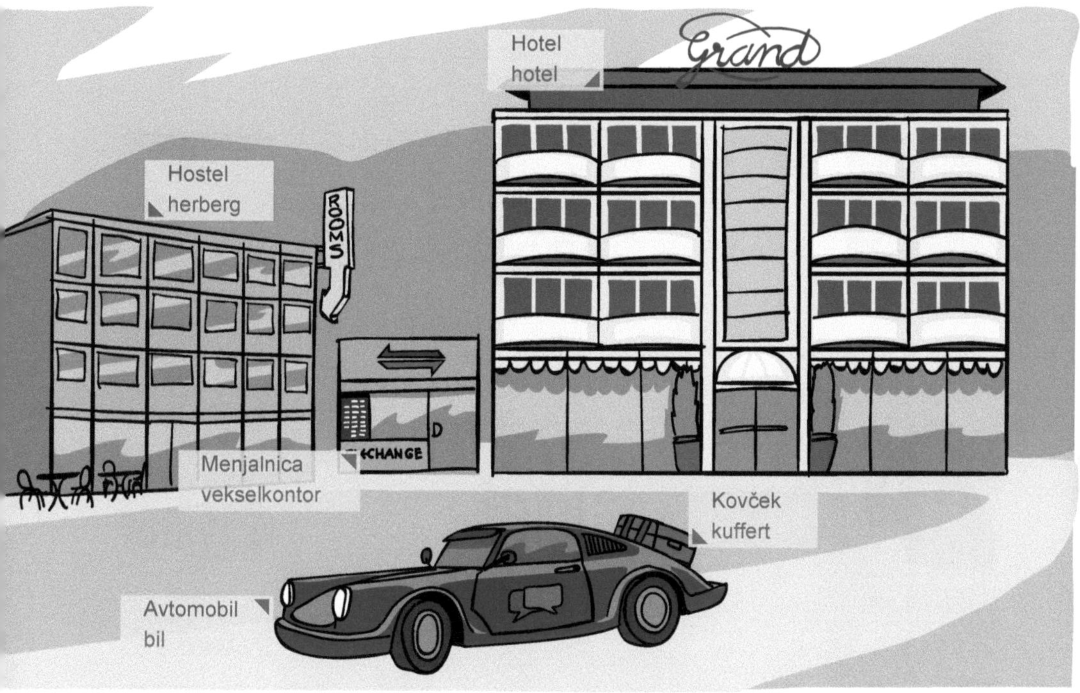

Jezik

sprog

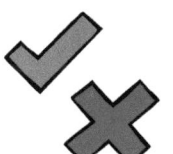

da / ne

ja / nej

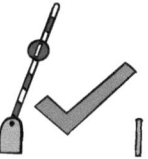

Prav

okay

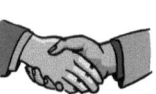

Pozdravljeni

hej

Prevajalec

oversætter

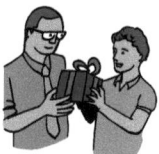

Hvala

tak

Koliko stane...?

hvad koster...?

Ne razumem

Jeg forstår ikke

Težava

problem

Dober večer!

God aften!

Dobro jutro!

God morgen!

Lahko noč!

God nat!

Nasvidenje

farvel

Smer

retning

Prtljaga

bagage

Torba

taske

Nahrbtnik

rygsæk

Gost

gæst

Soba

værelse

Spalna vreča

sovepose

Šotor

telt

Turistične informacije

turistinformation

Plaža

strand

Kreditna kartica

kreditkort

Zajtrk

morgenmad

Kosilo

middagsmad

Večerja

aftensmad

Vozovnica

billet

Dvigalo

elevator

Znamka

frimærke

Meja

grænse

Carina

told

Veleposlaništvo

ambassade

Vizum

visum

Potni list

pas

Prevoz
transport

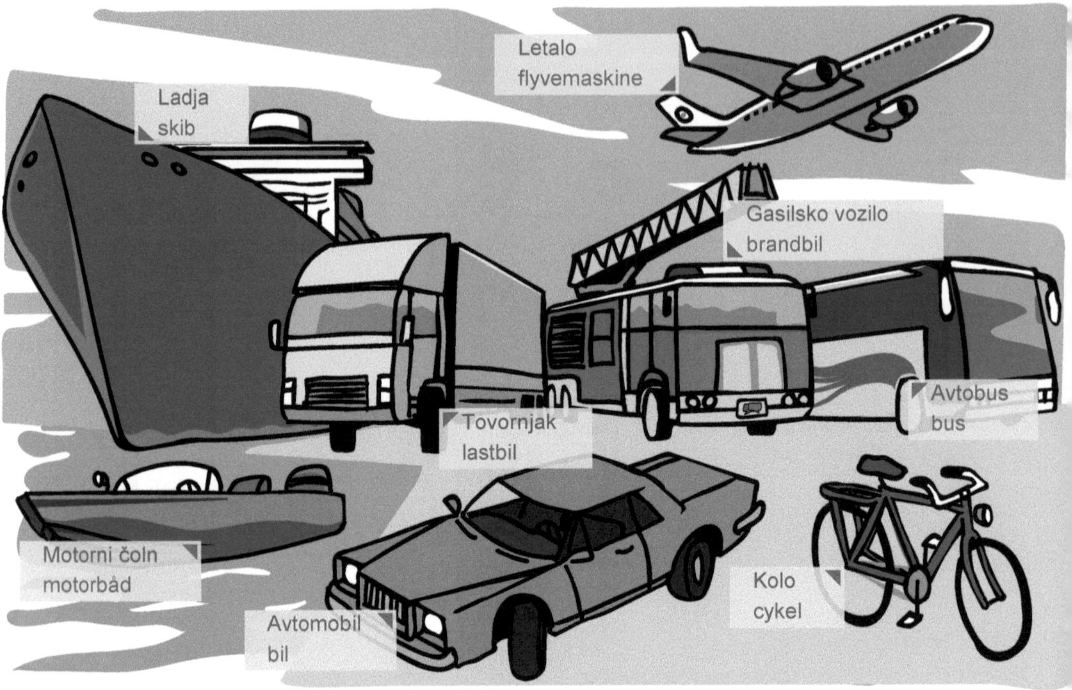
Letalo
flyvemaskine
Ladja
skib
Gasilsko vozilo
brandbil
Avtobus
bus
Tovornjak
lastbil
Motorni čoln
motorbåd
Kolo
cykel
Avtomobil
bil

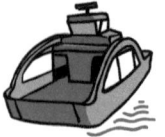

Trajekt

færge

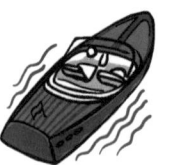

Čoln

båd

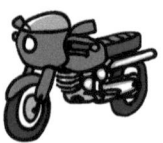

Motorno kolo

motorcykel

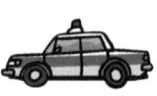

Policijski avto

politibil

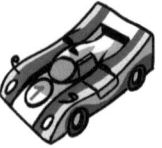

Dirkalni avto

racerbil

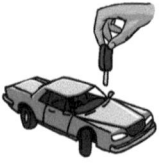

Najeto vozilo

lejebil

Souporaba avtomobila

samkørsel

Avtovleka

kranbil

Smetarsko vozilo

skraldebil

Motor

motor

Gorivo

benzin

Bencinska postaja

tankstation

Prometni znak

trafikskilt

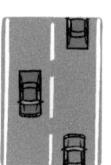

Promet

trafik

Zastoj

trafikprop

Parkirišče

parkeringsplads

Železniška postaja

banegård

Tirnice

skinner

Vlak

tog

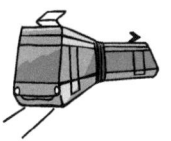

Tramvaj

sporvogn

Vagon

wagon

Helikopter

helikopter

Letališče

lufthavn

Stolp

tårn

Potnik

passager

Kontejner

container

Karton

karton

Voziček

kærre

Košara

kurv

vzleteti / pristati

starte / lande

Mesto

by

Vas

landsby

Mestno jedro

bymidte

Hiša

hus

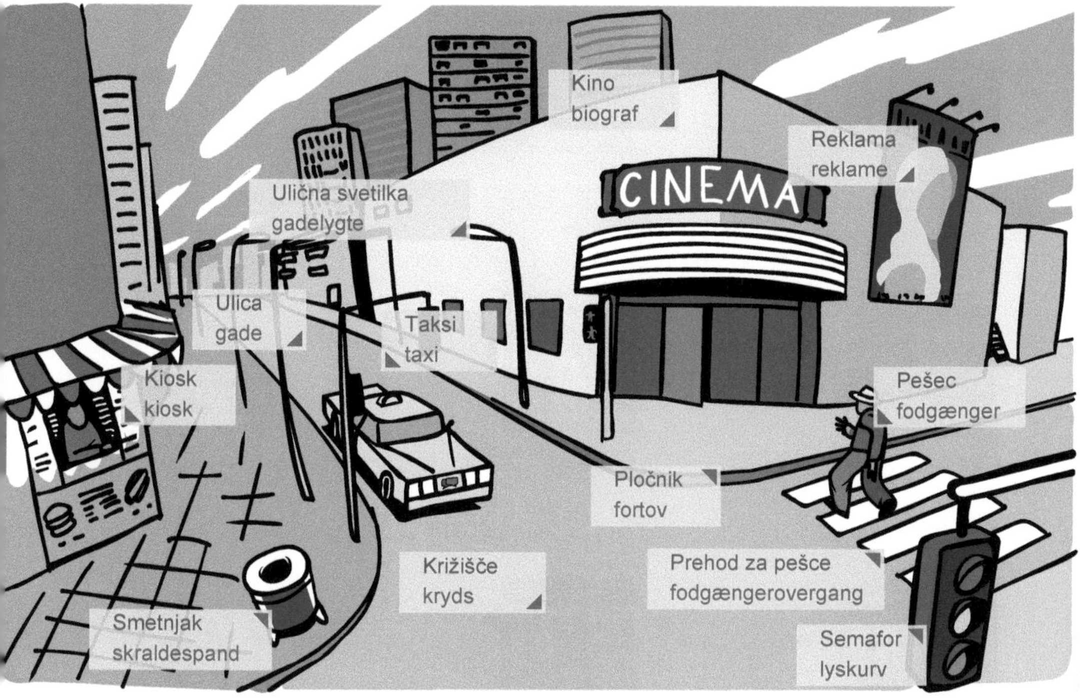

Kino
biograf

Reklama
reklame

Ulična svetilka
gadelygte

CINEMA

Ulica
gade

Taksi
taxi

Kiosk
kiosk

Pešec
fodgænger

Pločnik
fortov

Smetnjak
skraldespand

Križišče
kryds

Prehod za pešce
fodgængerovergang

Semafor
lyskurv

Koča

hytte

Stanovanje

lejlighed

Železniška postaja

banegård

Mestna hiša

rådhus

Muzej

museum

Šola

skole

Univerza

universitet

Banka

bank

Bolnišnica

sygehus

Hotel

hotel

Lekarna

apotek

Pisarna

kontor

Knjigarna

boghandel

Trgovina

butik

Cvetličarna

blomsterbutik

Supermarket

supermarked

Tržnica

marked

Veleblagovnica

stormagasin

Ribarnica

fiskehandler

Nakupovalno središče

butikscenter

Pristanišče

havn

Park
park

Klop
bænk

Most
bro

Stopnice
trappe

Podzemna železnica
undergrundsbane

Predor
tunnel

Avtobusno postajališče
busstoppested

Bar
barnevogn

Restavracija
restaurant

Poštni nabiralnik
postkasse

Ulična tabla
vejskilt

Parkirna ura
parkometer

Živalski vrt
zoo

Kopališče
badeanstalt

Mošeja
moske

Kmetija

bondegård

Onesnaževanje

miljøforurening

Pokopališče

kirkegård

Cerkev

kirke

Otroško igrišče

legeplads

Tempelj

tempel

Pokrajina
landskab

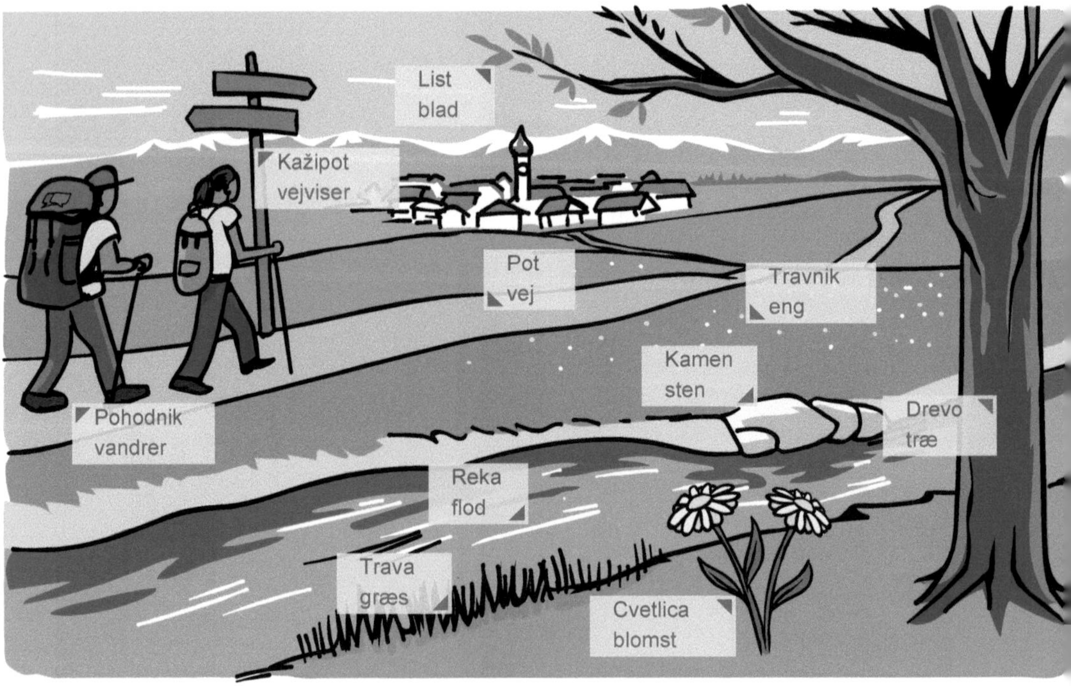

List
blad

Kažipot
vejviser

Pot
vej

Travnik
eng

Kamen
sten

Drevo
træ

Pohodnik
vandrer

Reka
flod

Trava
græs

Cvetlica
blomst

Dolina

dal

Hrib

bjerg

Jezero

sø

Gozd

skov

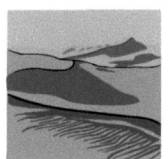

Puščava

ørken

Vulkan

vulkan

Grad

slot

Mavrica

regnbue

Goba

svamp

Palma

palme

Komar

moskito

Muha

flue

Mravlja

myre

Čebela

bi

Pajek

edderkop

Hrošč

bille

Žaba

frø

Veverica

egern

Jež

pindsvin

Zajec

hare

Sova

ugle

Ptič

fugl

Labod

svane

Divji prašič

vildsvin

Jelen

hjort

Los

elg

Jez

dæmning

Vetrnica

vindmølle

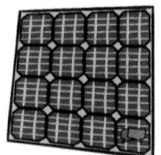

Solarna plošča

solcellemodul

Podnebje

klima

Restavracija
restaurant

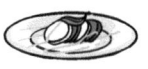

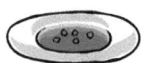

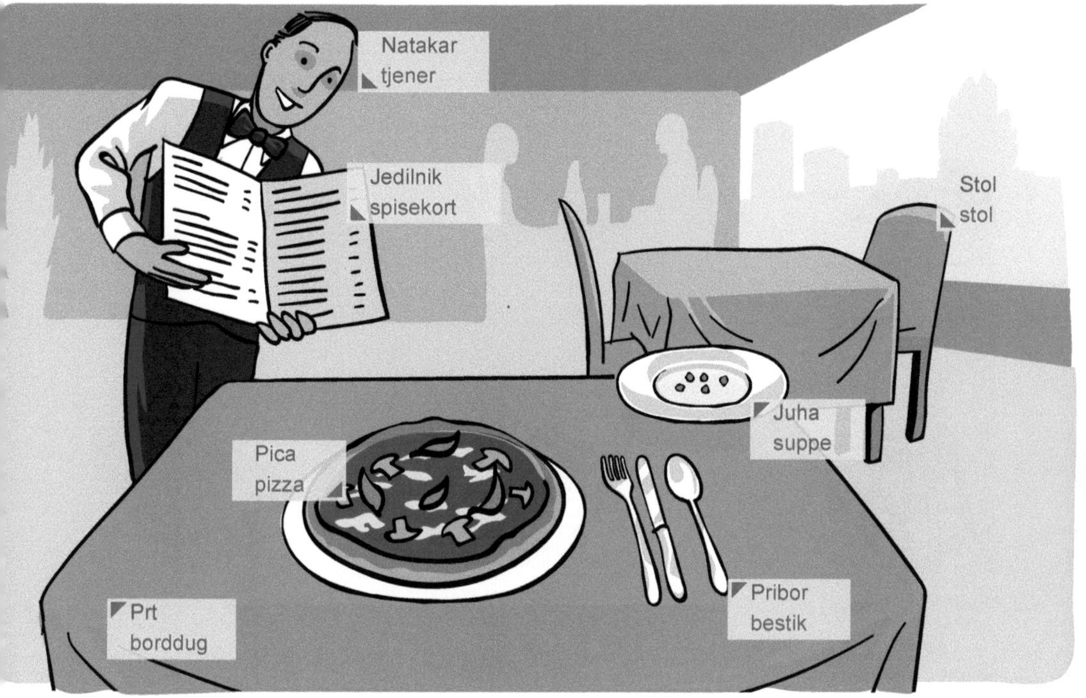
Natakar
tjener
Jedilnik
spisekort
Stol
stol
Juha
suppe
Pica
pizza
Pribor
bestik
Prt
borddug

Predjed

forret

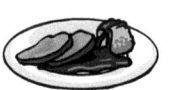

Glavna jed

hovedret

Sladica

dessert

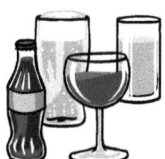

Pijače

drikkevarer

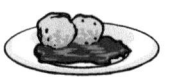

Hrana

mad

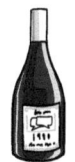

Steklenica

flaske

Hitra hrana

fastfood

Ulična hrana

streetfood

Čajnik

tekande

Sladkornica

sukkerdåse

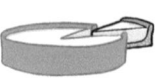

Porcija

portion

Aparat za espresso

espressomaskine

Stolček za hranjenje

barnestol

Račun

faktura

Pladenj

tablet

Nož

kniv

Vilica

gaffel

Žlica

ske

Čajna žlička

teske

Servieta

serviet

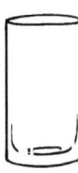

Kozarec

glas

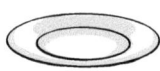

Krožnik

tallerken

Globoki krožnik

dyb tallerken

Krožniček

underkop

Omaka

sovs

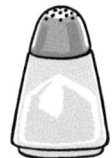

Solnica

saltbøsse

Mlinček za poper

peberkværn

Kis

eddike

Olje

olie

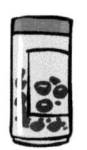

Začimbe

krydderier

Kečap

ketchup

Gorčica

sennep

Majoneza

mayonnaise

Supermarket
supermarked

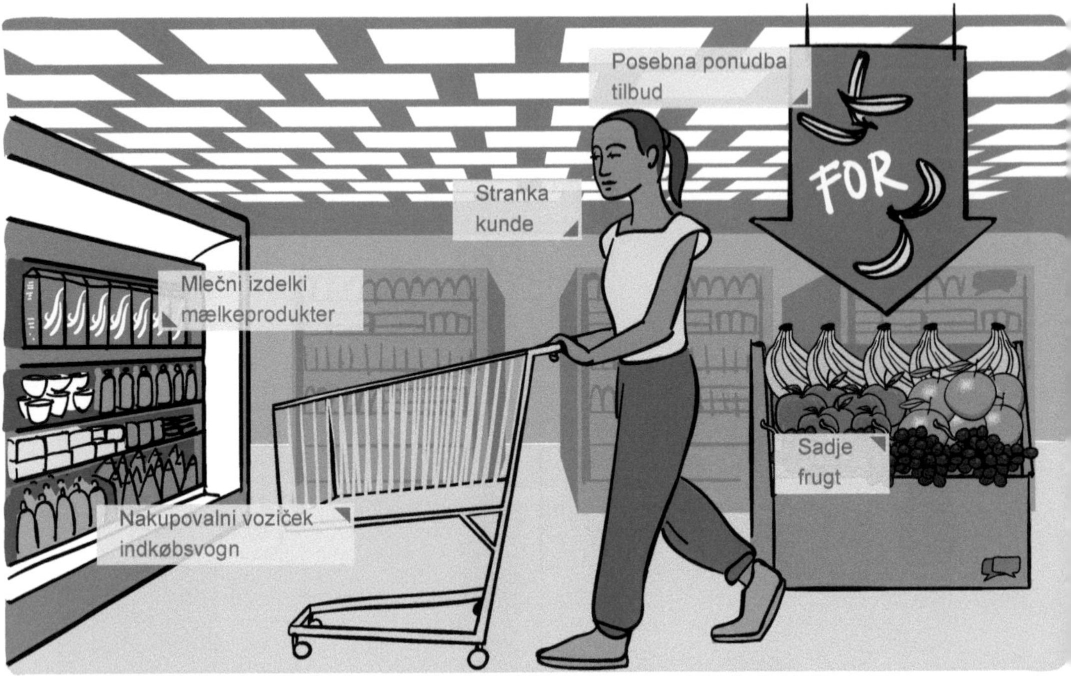

Posebna ponudba
tilbud
FOR
Stranka
kunde
Mlečni izdelki
mælkeprodukter
Sadje
frugt
Nakupovalni voziček
indkøbsvogn

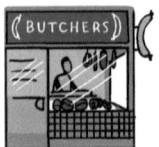

BUTCHERS

Mesnica

slagter

BAKERY

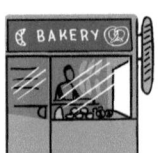

Pekarna

bageri

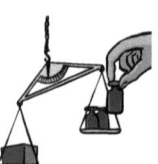

Tehtati

veje

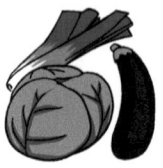

Zelenjava

grøntsager

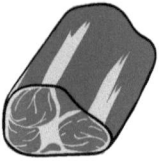

Meso

kød

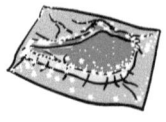

Zamrznjena hrana

frostvarer

Hladne mesnine

pålæg

Konzerve

konserves

Pralni prašek

vaskemiddel

Sladkarije

slik

Gospodinjski izdelki

husholdningsvarer

Čistilno sredstvo

rengøringsmidler

Prodajalka

ekspedient

Blagajna

kasse

Blagajnik

kasserer

Nakupovalni seznam

indkøbsliste

Delovni čas

åbningstider

Denarnica

tegnebog

Kreditna kartica

kreditkort

Torba

taske

Plastična vrečka

plasticpose

Voda

vand

Sok

saft

Mleko

mælk

Kola

cola

Vino

vin

Pivo

øl

Alkohol

alkohol

Kakav

kakao

Čaj

te

Kava

kaffe

Espresso

espresso

Kapučino

cappuccino

Banana

banan

Jabolko

æble

Pomaranča

appelsin

Lubenica

melon

Limona

citron

Korenje

gulerod

Česen

hvidløg

Bambus

bambus

Čebula

løg

Goba

svamp

Oreščki

nødder

Rezanci

nudler

Špageti

spaghetti

Riž

ris

Solata

salat

Ocvrt krompirček

pomfritter

Pečen krompir

stegte kartofler

Pica

pizza

Hamburger

hamburger

Sendvič

sandwich

Zrezek

schnitzel

Šunka

skinke

Salama

salami

Klobasa

pølse

Piščanec

kylling

Pečenka

steg

Riba

fisk

Ovseni kosmiči	Musli	Koruzni kosmiči
havregryn	mysli	cornflakes

Moka	Rogljiček	Žemlja
mel	croissant	rundstykke

Kruh	Prepečenec	Piškoti
brød	toast	kiks

Maslo	Skuta	Torta
smør	kvark	kage
		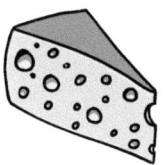
Jajce	Pečeno jajce na oko	Sir
æg	spejlæg	ost

Sladoled

is

Sladkor

sukker

Med

honning

Marmelada

marmelade

Čokoladni namaz

nougat-creme

Kari

karry

Kmetija
bondegård

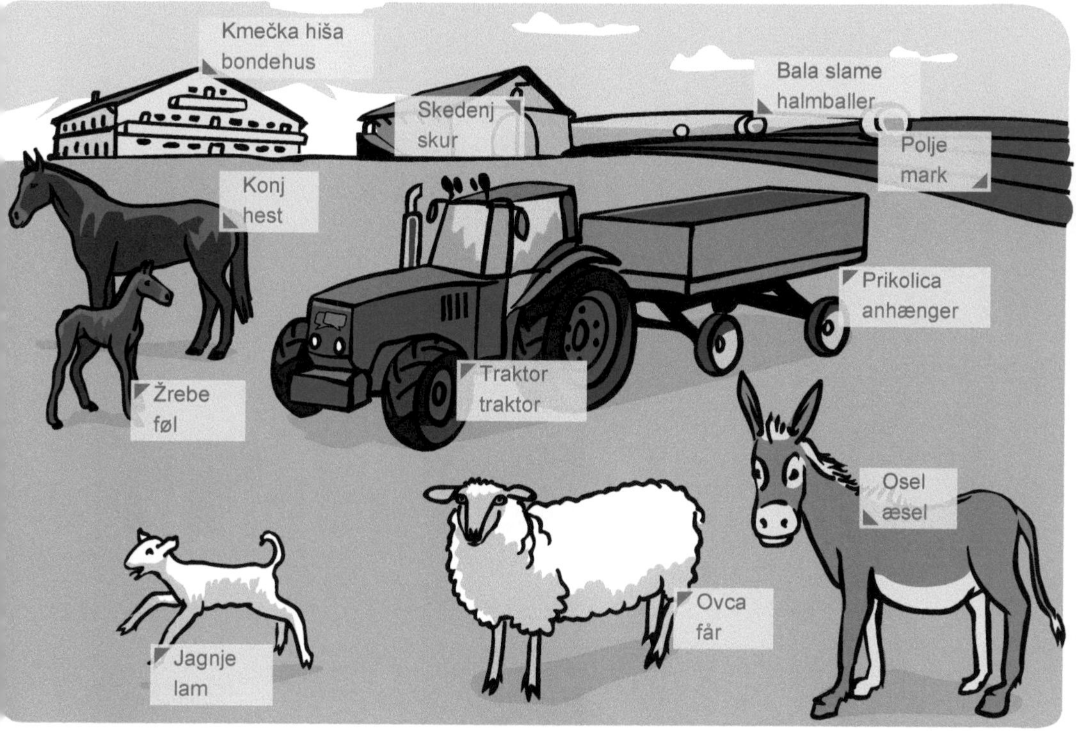
Kmečka hiša
bondehus
Bala slame
halmballer
Skedenj
skur
Polje
mark
Konj
hest
Prikolica
anhænger
Traktor
traktor
Žrebe
føl
Osel
æsel
Ovca
får
Jagnje
lam

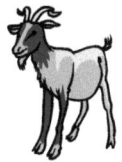

Koza
ged

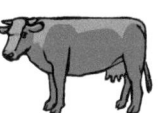

Krava
ko

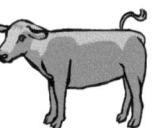

Tele
kalv

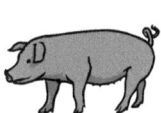

Prašič
svin

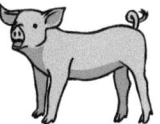

Pujsek
gris

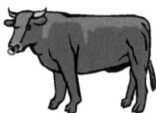

Bik
tyr

Gos

gås

Raca

and

Piščanec

kylling

Kokoš

høne

Petelin

hane

Podgana

rotte

Mačka

kat

Miš

mus

Vol

okse

Pes

hund

Pasja uta

hundehus

Cev za zalivanje

haveslange

Kangla za zalivanje

vandkande

Kosa

le

Plug

plov

Srp

segl

Motika

hakkejern

Vile

møggreb

Sekira

økse

Samokolnica

trillebør

Korito

trug

Kangla za mleko

mælkekande

Vreča

sæk

Ograja

hæk

Hlev

stald

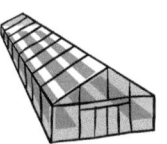

Rastlinjak

drivhus

Prst

jord

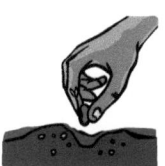

Seme

frø

Gnojilo

gødning

Kombajn

mejetærsker

Žeti

høste

Žetev

høst

Jam

yams

Pšenica

hvede

Soja

soja

Krompir

kartoffel

Koruza

majs

Oljna ogrščica

raps

Sadno drevo

frugttræ

Maniok

maniok

Žito

korn

Hiša
hus

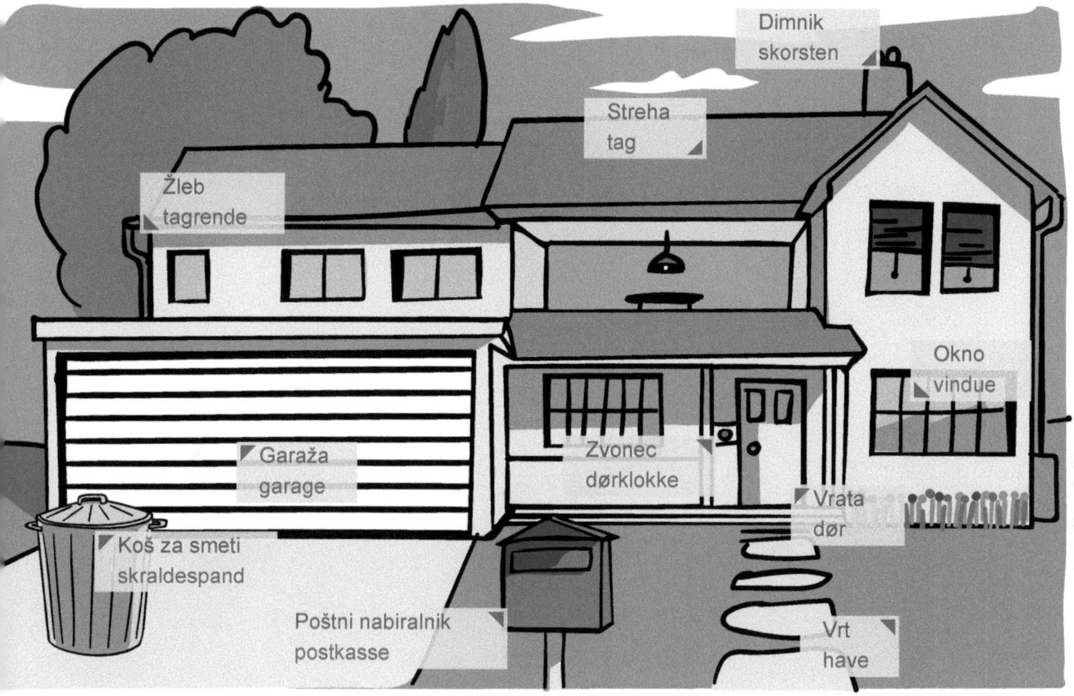

Dimnik
skorsten
Streha
tag
Žleb
tagrende
Okno
vindue
Garaža
garage
Zvonec
dørklokke
Vrata
dør
Koš za smeti
skraldespand
Poštni nabiralnik
postkasse
Vrt
have

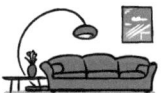

Dnevna soba

stue

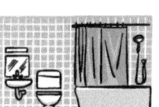

Kopalnica

badeværelse

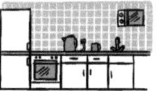

Kuhinja

køkken

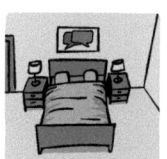

Spalnica

soveværelse

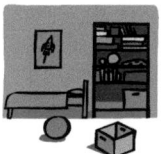

Otroška soba

børneværelse

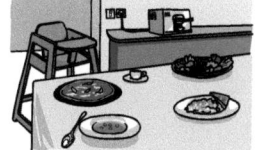

Jedilnica

spisestue

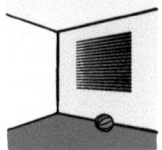

Tla

gulv

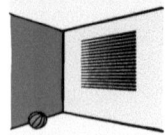

Stena

væg

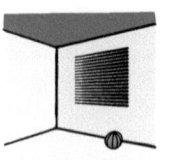

Strop

loft

Klet

kælder

Savna

sauna

Balkon

altan

Terasa

terrasse

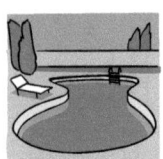

Bazen

svømmehal

Kosilnica

plæneklipper

Rjuha

dynebetræk

Posteljno pregrinjalo

dyne

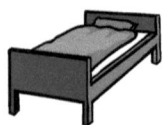

Postelja

seng

Metla

kost

Vedro

spand

Stikalo

kontakt

Dnevna soba
stue

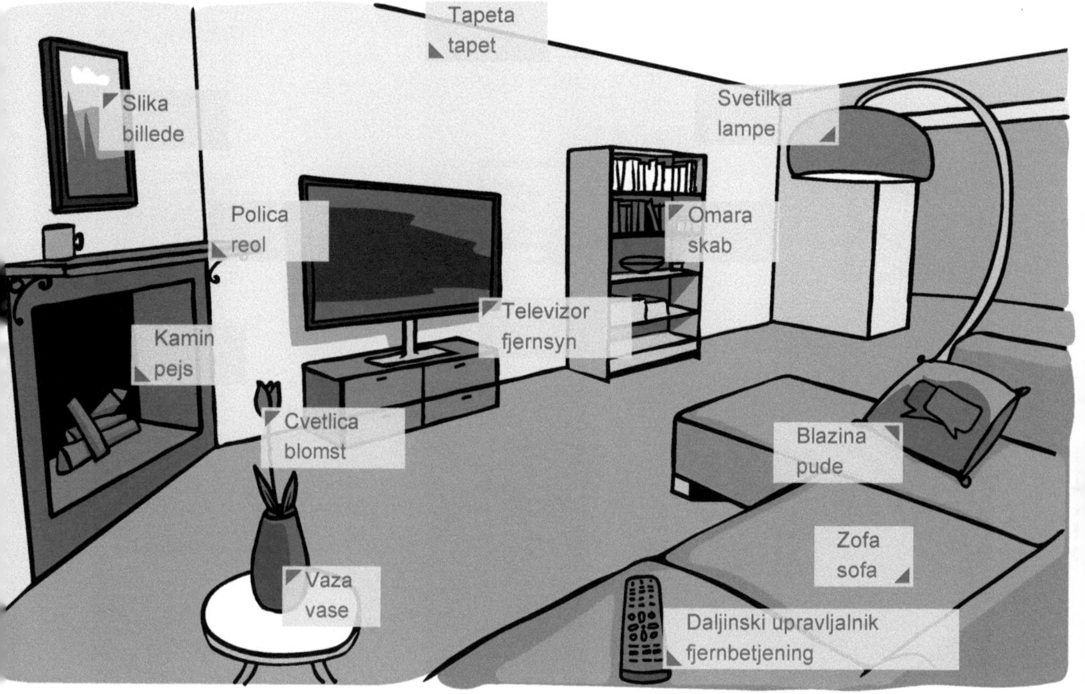
Tapeta
tapet
Slika
billede
Svetilka
lampe
Polica
reol
Omara
skab
Televizor
fjernsyn
Kamin
pejs
Cvetlica
blomst
Blazina
pude
Zofa
sofa
Vaza
vase
Daljinski upravljalnik
fjernbetjening

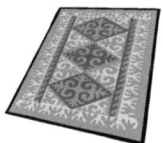

Preproga
gulvtæppe

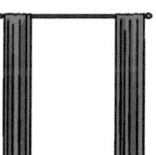

Zavesa
gardin

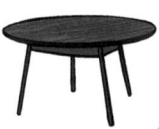

Miza
bord

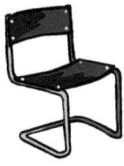

Stol
stol

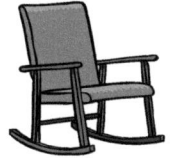

Gugalnik
gyngestol

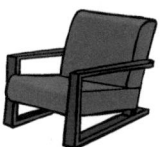

Naslanjač
lænestol

Knjiga

bog

Odeja

tæppe

Dekoracija

dekoration

Drva

brænde

Film

film

Glasbeni stolp

stereoanlæg

Ključ

nøgle

Časopis

avis

Slika

maleri

Plakat

plakat

Radio

radio

Beležka

notesblok

Sesalnik

støvsuger

Kaktus

kaktus

Sveča

lys

Kuhinja
køkken

Hladilnik
køleskab
Mikrovalovna pečica
mikrobølgeovn
Kuhinjska tehtnica
køkkenvægt
Opekač
brødrister
Detergent
rengøringsmiddel
Pečica
bageovn
Zamrzovalnik
fryserum
Koš za smeti
skraldespand
Pomivalni stroj
opvaskemaskine

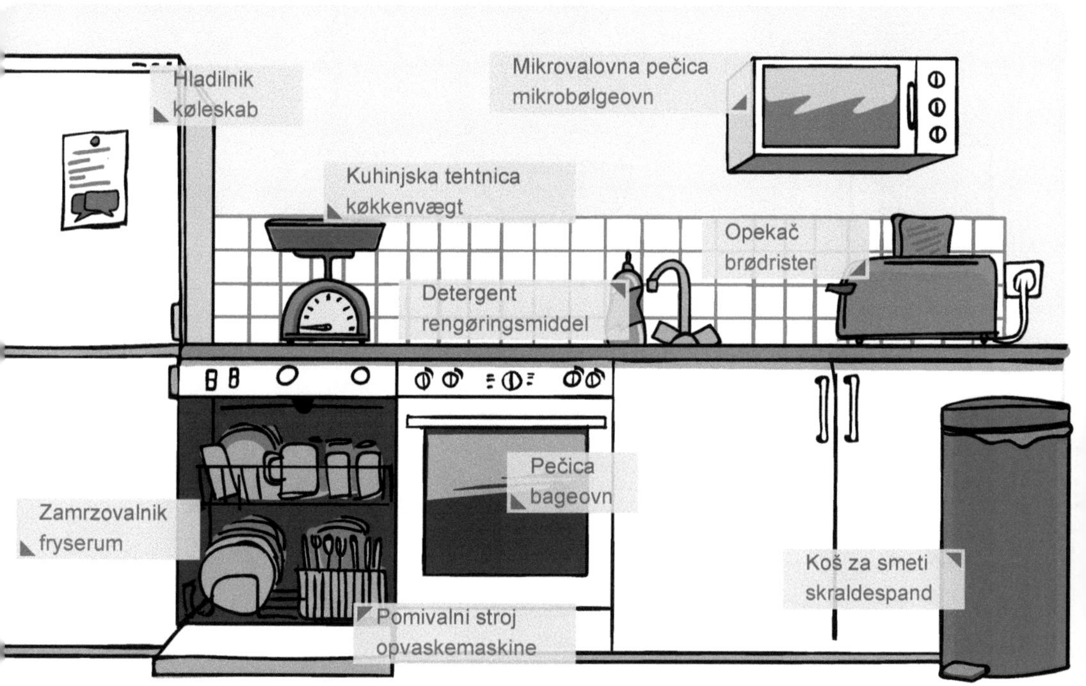

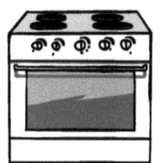

Kozica
komfur

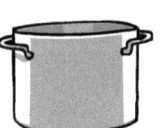

Lonec
gryde

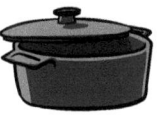

Litoželezni lonec
jerngryde

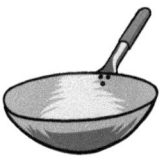

Vok / kadai
wok / kadai

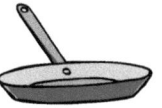

Ponev
pande

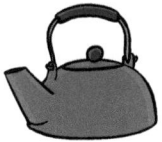

Kotliček
elkedel

Parni kuhalnik

dampkoger

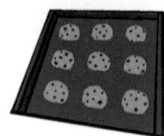

Pekač

bageplade

Posoda

service

Skodelica

bæger

Skleda

skål

Jedilne paličice

spisepinde

Zajemalka

øseske

Lopatica

paletkniv

Metlica

piskeris

Cedilnik

dørslag

Cedilo

si

Strgalo

rive

Možnar

morter

Žar

grille

Ognjišče

ildsted

Deska za rezanje

skærebræt

Valjar

kagerulle

Odpirač za steklenice

proptrækker

Pločevinka

dåse

Odpirač za konzerve

dåseåbner

Prijemalka za posodo

grydelap

Korito

køkkenvask

Ščetka

børste

Goba

svamp

Mešalnik

blender

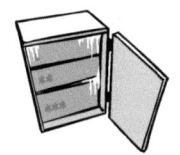

Zamrzovalna skrinja

dybfryser

Steklenička

sutteflaske

Pipa

vandhane

Kopalnica

badeværelse

Prha
brusebad
Ogrevanje
radiator
Brisača
håndklæde
Zavesa za prho
bruserforhæng
Peneča kopel
skumbad
Kopalna kad
badekar
Kozarec
glas
Pralni stroj
vaskemaskine
Pipa
vandhane
Ploščice
fliser
Kahlica
tissepotte
Korito
køkkenvask

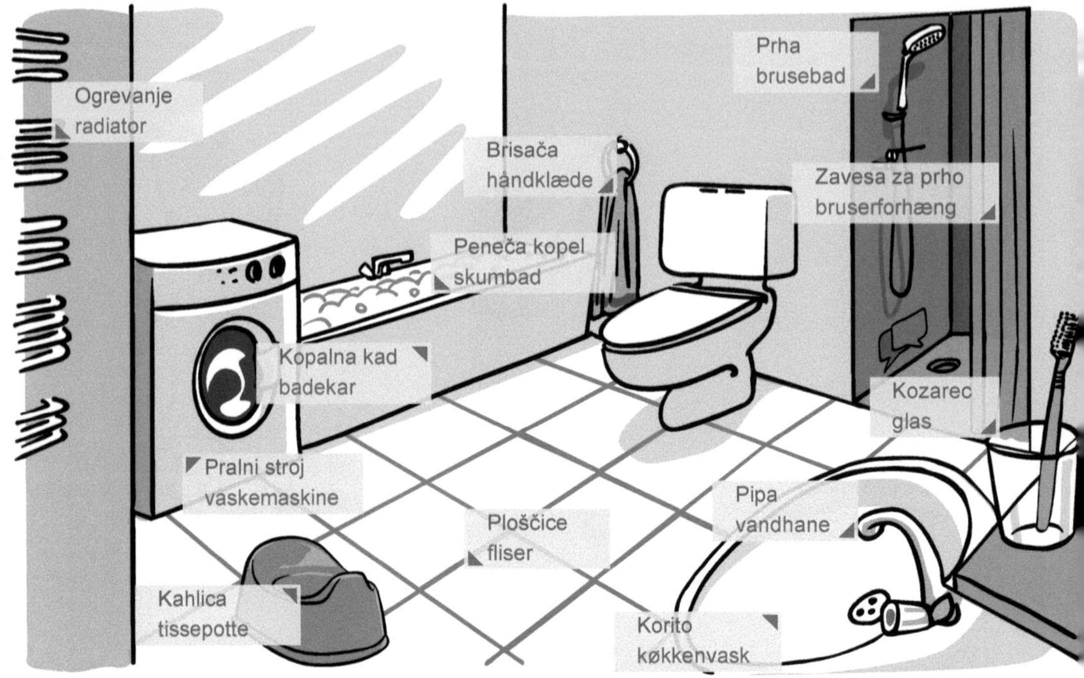

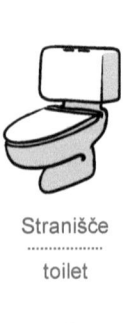

Stranišče

toilet

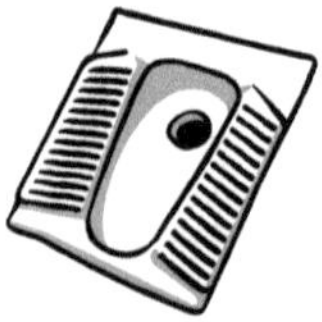

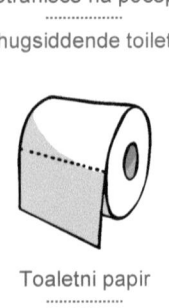

Stranišče na počep

hugsiddende toilet

Bide

bidet

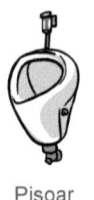

Pisoar

pissoir

Toaletni papir

toiletpapir

Ščetka za straniščno školjko

toiletbørste

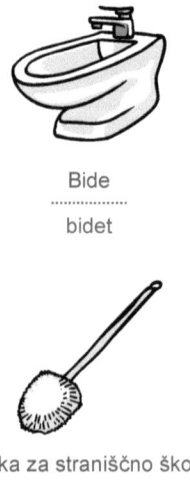

Zobna ščetka

tandbørste

Zobna pasta

tandpasta

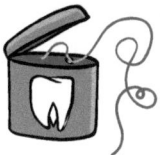

Zobna nitka

tandtråd

Umiti se

vaske

Ročna prha

håndbruser

Prha za intimne dele

intimbruser

Umivalnik

vaskefad

Krtača za hrbet

badebørste

Milo

sæbe

Gel za prhanje

brusegele

Šampon

shampoo

Krpica za miljenje

vaskeklud

Odtok

afløb

Krema

creme

Deodorant

deodorant

Ogledalo

spejl

Ročno ogledalo

kosmetikspejl

Britvica

barberhøvl

Pena za britje

barberskum

Vodica po britju

barbervand

Glavnik

kam

Ščetka

børste

Sušilnik za lase

hårtørrer

Lak za lase

hårspray

Ličila

makeup

Šminka

læbestift

Lak za nohte

neglelak

Vatirane blazinice

vat

Škarjice za nohte

neglesaks

Parfum

parfume

Toaletna torbica

toilettaske

Stol brez naslonjala

skammel

Osebna tehtnica

vægt

Kopalni plašč

badekåbe

Gumijaste rokavice

gummihandsker

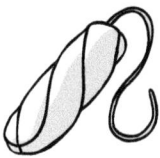

Tampon

tampon

Damski vložki

damebind

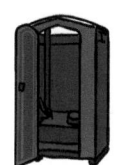

Kemično stranišče

kemisk toilet

Otroška soba
børneværelse

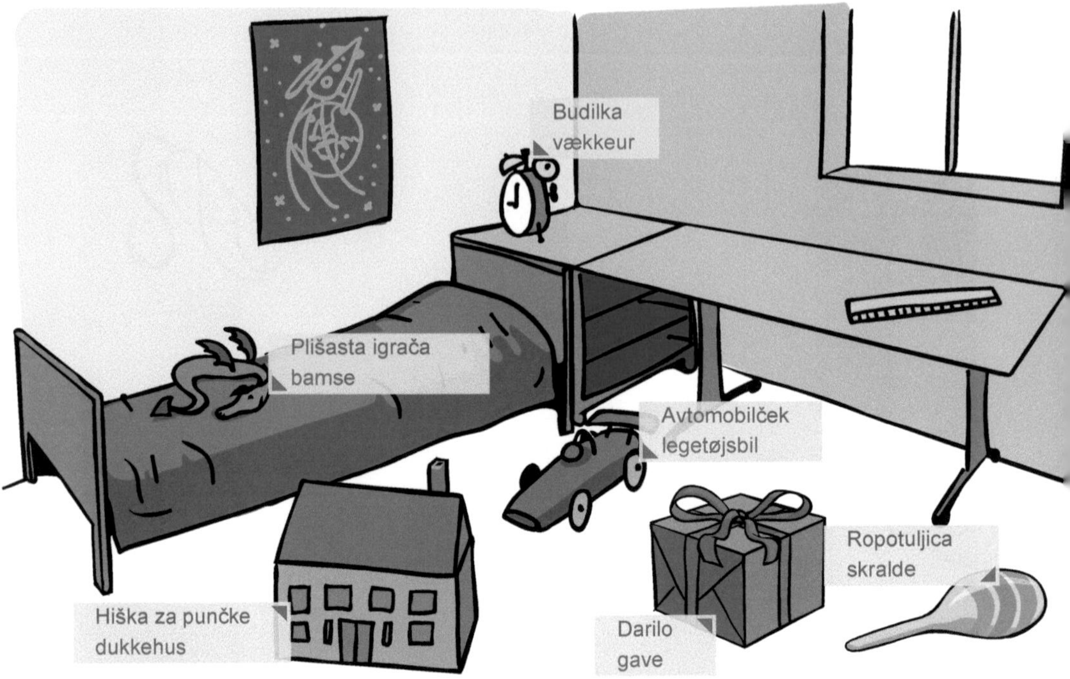
Budilka
vækkeur
Plišasta igrača
bamse
Avtomobilček
legetøjsbil
Ropotuljica
skralde
Hiška za punčke
dukkehus
Darilo
gave

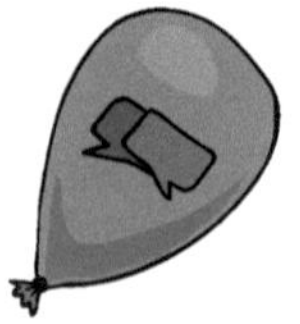

Balon

ballon

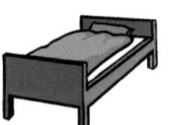

Postelja

seng

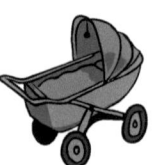

Otroški voziček

barnevogn

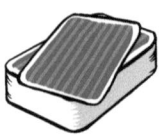

Igralne karte

kortspil

Sestavljanka

puslespil

SUPER
MEGA

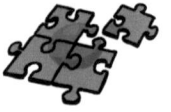

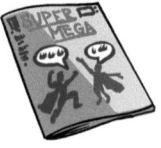

Strip

tegneserie

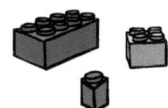

Lego kocke

legoklodser

Igralne kocke

byggeklodser

Akcijska figura

action figur

Bodi

sparkedragt

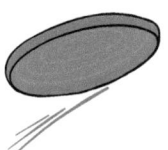

Frizbi

frisbee

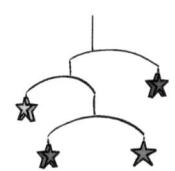

Vrtiljak za posteljico

uro

Namizna igra

brætspil

Kocka

terning

Komplet modelov vlakov

modeljernbane

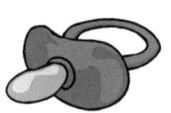

Duda

sut

Zabava

fest

Slikanica

billedbog

Žoga

bold

Lutka

dukke

Igrati se

lege

Peskovnik

sandkasse

Gugalnica

gynge

Igrače

legetøj

Igralna konzola

spillekonsol

Tricikel

trehjulet cykel

Plišasti medvedek

bamse

Garderoba

klædeskab

Oblačilo

tøj

Nogavice

sokker

Samostoječe nogavice

strømper

Hlačne nogavice

strømpebukser

Šal
sjal

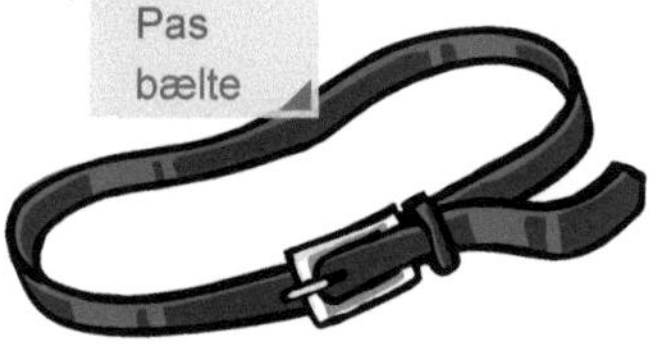

Pas
bælte

Dežnik
paraply

Majica s kratkimi rokavi
T-shirt

Športni copati
sneakers

Škornji
støvler

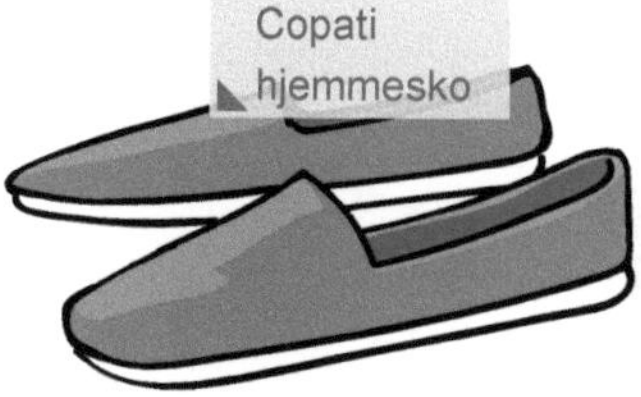

Copati
hjemmesko

Sandali

sandaler

Čevlji

sko

Gumijasti škornji

gummistøvler

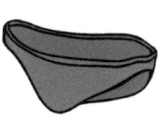

Spodnje hlače

underbukser

Modrček

BH

Telovnik

undertrøje

Oblačilo - tøj

45

Bodi

body

Hlače

bukser

Kavbojke

jeans

Krilo

nederdel

Bluza

bluse

Srajca

skjorte

Pulover

pullover

Pletena jopica

sweatshirt

Jopa

blazer

Jakna

jakke

Plašč

frakke

Dežni plašč

regnfrakke

Kostim

kostume

Obleka

kjole

Poročna obleka

brudekjole

Obleka

jakkesæt

Spalna srajca

nattrøje

Pižama

pyjamas

Sari

sari

Naglavna ruta

hovedtørklæde

Turban

turban

Burka

burka

Kaftan

kaftan

Abaja

abaya

Kopalke

badedragt

Kopalne hlače

badebukser

Kratke hlače

korte bukser

Trenirka

træningsdragt

Predpasnik

forklæde

Rokavice

handsker

Gumb

knap

Očala

briller

Zapestnica

armbånd

Verižica

kæde

Prstan

ring

Uhan

ørering

Kapa

hue

Obešalnik

bøjle

Klobuk

hat

Kravata

slips

Zadrga

lynlås

Čelada

hjelm

Naramnice

seler

Šolska uniforma

skoleuniform

Uniforma

uniform

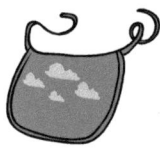

Slinček

hagesmæk

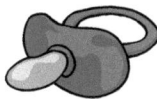

Duda

sut

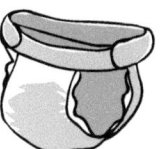

Plenica

ble

Pisarna
kontor

Strežnik
server
Kartotečna omara
arkivskab
Papir
papir
Tiskalnik
printer
Monitor
skærm
Pisalna miza
skrivebord
Miška
mus
Mapa
mappe
Tipkovnica
tastatur
Koš za smeti
papirkurv
Računalnik
computer
Stol
stol

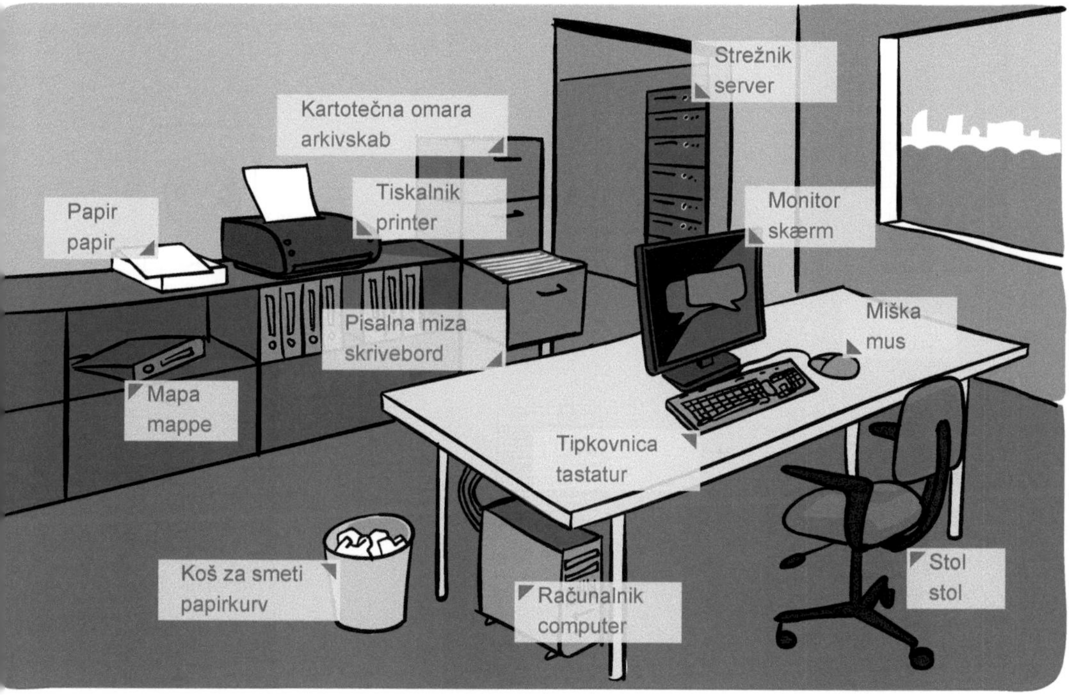

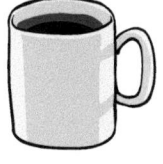

Lonček za kavo

kaffekrus

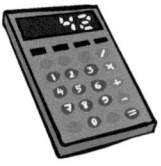

Kalkulator

lommeregner

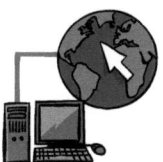

Internet

internet

Prenosnik

bærbar

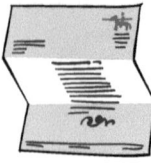

Pismo

brev

Sporočilo

besked

Mobilnik

mobil

Omrežje

netværk

Kopirni stroj

kopimaskine

Programska oprema

software

Telefon

telefon

Vtičnica

stikdåse

Telefaks

fax

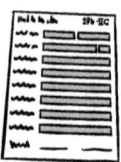

Obrazec

formular

Dokument

dokument

Kupiti

køge

Plačati

betale

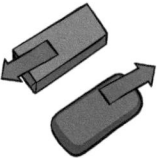

Trgovati

handle

Denar

penge

Dolar

dollar

Evro

euro

Jen

yen

Rubelj

rubel

Švičarski frank

schweizerfranc

Kitajski juan renminbi

renminbi yuan

Rupija

rupee

Bankomat

hæveautomat

Menjalnica

vekselkontor

Zlato

guld

Srebro

sølv

Nafta

olie

Energija

energi

Cena

pris

Pogodba

kontrakt

Davek

skat

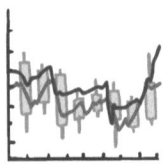

Delnice

aktie

Delati

arbejde

Delojemalec

ansat

Delodajalec

arbejdsgiver

Tovarna

fabrik

Trgovina

butik

Poklici
erhverv

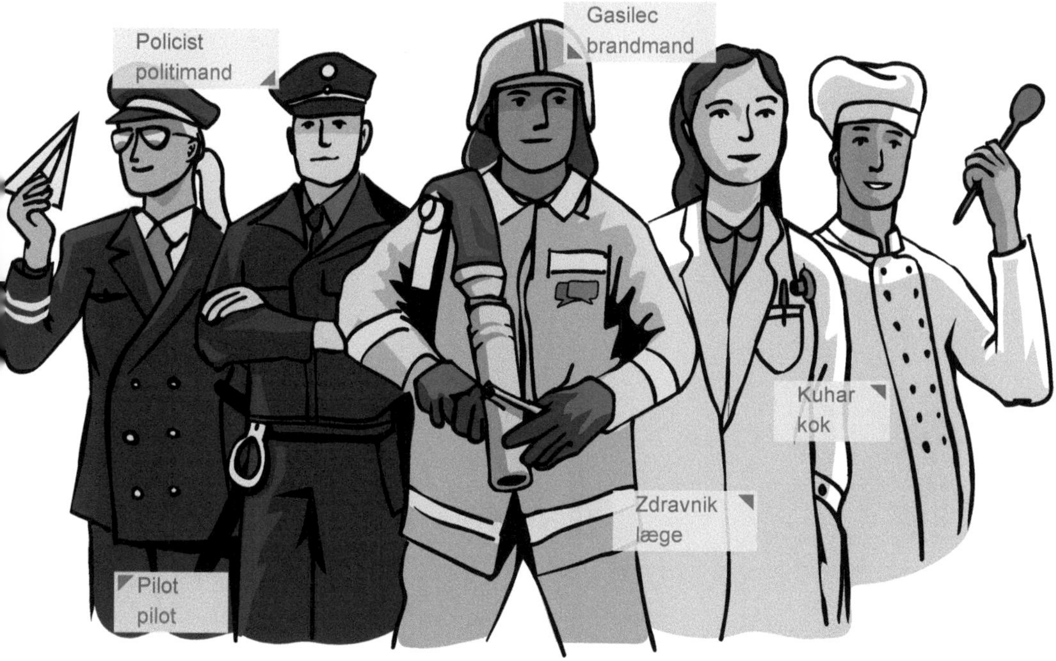
Policist
politimand
Gasilec
brandmand
Kuhar
kok
Zdravnik
læge
Pilot
pilot

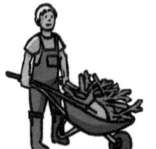

Vrtnar

gartner

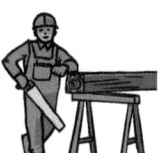

Mizar

tømrer

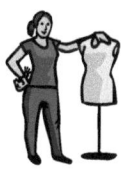

Šivilja

syerske

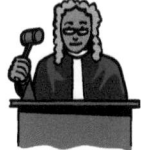

Sodnik

dommer

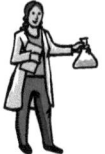

Kemik

kemiker

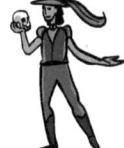

Igralec

skuespiller

Voznik avtobusa

buschauffør

Taksist

taxachauffør

Ribič

fisker

Čistilka

rengøringskone

Krovec

tagdækker

Natakar

tjener

Lovec

jæger

Pleskar

maler

Pek

bager

Električar

elektriker

Gradbenik

bygningsarbejder

Inženir

ingeniør

Mesar

slagter

Vodovodni inštalater

vvs-mand

Poštar

postbud

Vojak

soldat

Arhitekt

arkitekt

Blagajnik

kasserer

Cvetličar

blomsterhandler

Frizer

frisør

Sprevodnik

togfører

Mehanik

mekaniker

Kapitan

kaptajn

Zobozdravnik

tandlæge

Znanstvenik

videnskabsmand

Rabin

rabbiner

Imam

imam

Menih

munk

Duhovnik

præst

Orodje
værktøj

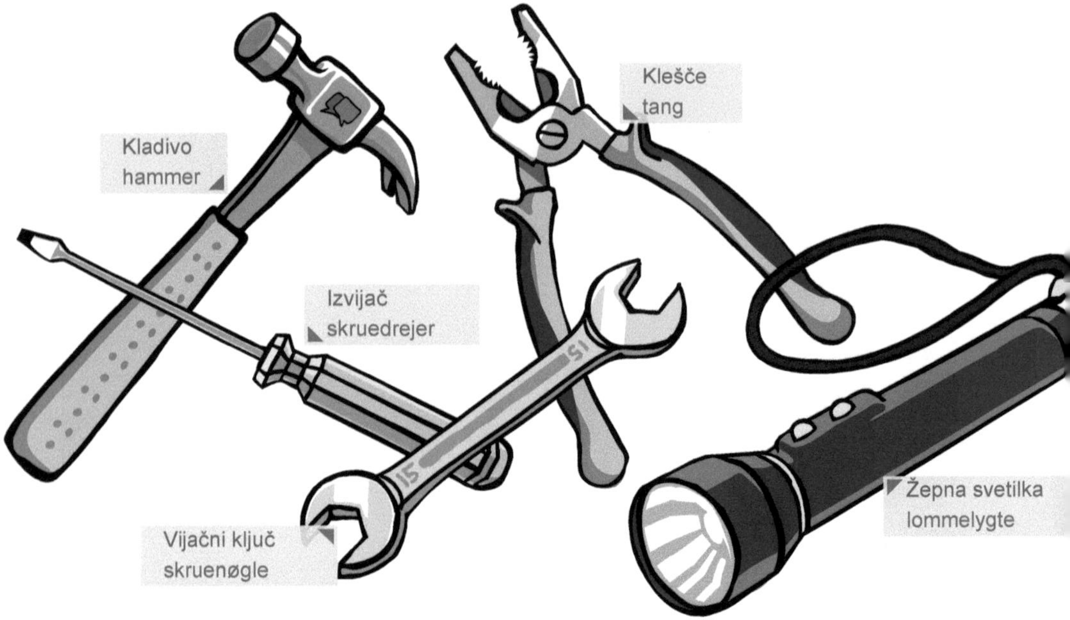

Kladivo
hammer
Klešče
tang
Izvijač
skruedrejer
Vijačni ključ
skruenøgle
Žepna svetilka
lommelygte

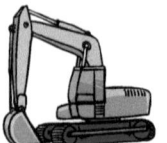

Bager

gravemaskine

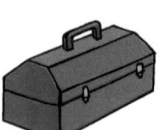

Zaboj z orodjem

værktøjskasse

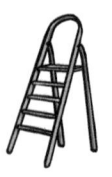

Lestev

stige

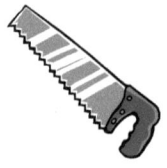

Žaga

sav

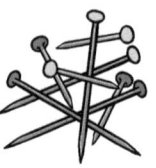

Žeblji

søm

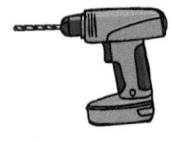

Vrtalnik

bor

Popraviti

reparere

Lopata

skovl

Šment!

Lort!

Smetišnica

fejebakke

Posoda z barvo

malerspand

Vijaki

skruer

Glasbeni instrument
musikinstrumenter

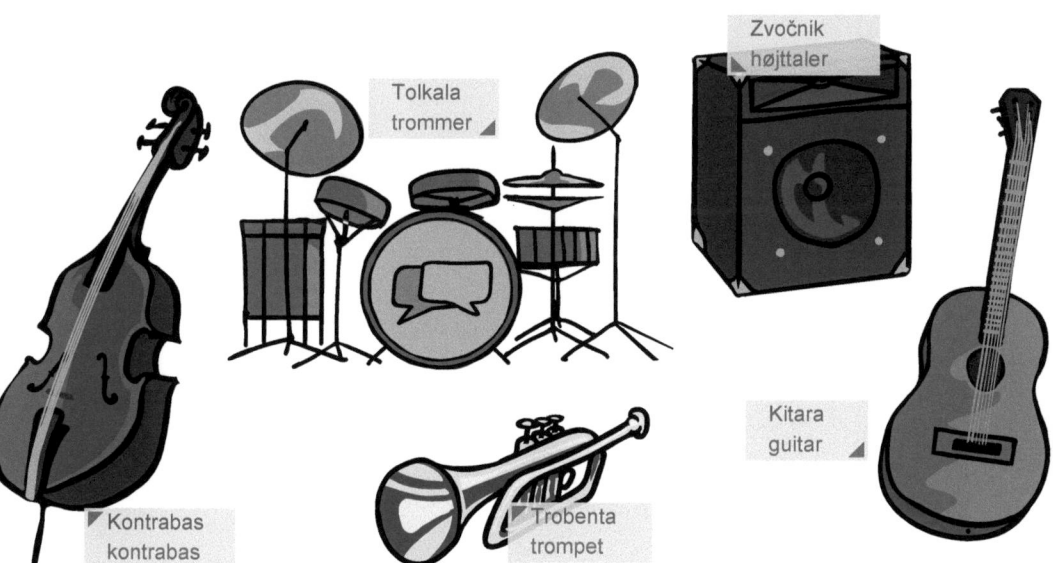

Tolkala
trommer

Zvočnik
højttaler

Kitara
guitar

Kontrabas
kontrabas

Trobenta
trompet

Klavir

klaver

Violina

violin

Bas kitara

bas

Pavke

pauke

Bobni

tromme

Sintetizator

keyboard

Saksofon

saxofon

Flavta

fløjte

Mikrofon

mikrofon

Živalski vrt

zoo

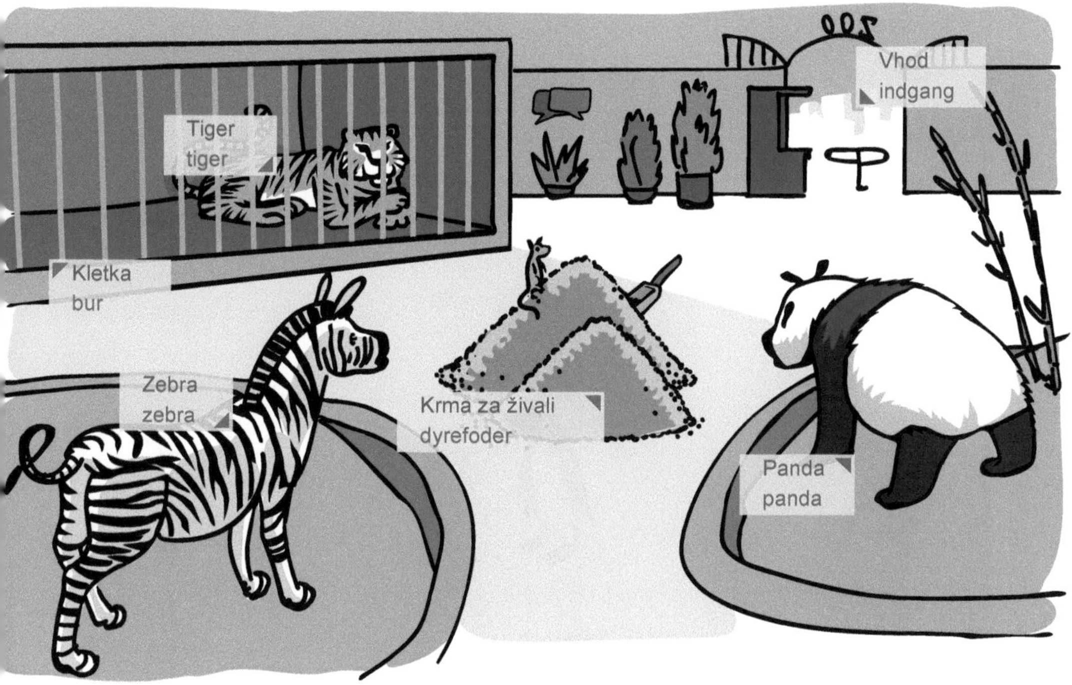
Vhod
indgang
Tiger
tiger
Kletka
bur
Zebra
zebra
Krma za živali
dyrefoder
Panda
panda

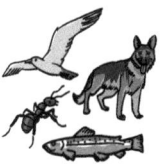

Živali

dyr

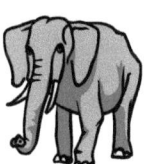

Slon

elefant

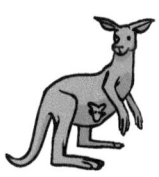

Kenguru

kænguru

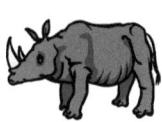

Nosorog

næsehorn

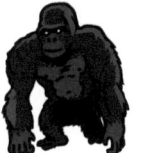

Gorila

gorilla

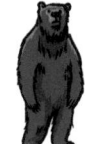

Medved

bjørn

Kamela

kamel

Noj

struds

Lev

løve

Opica

abe

Plamenec

flamingo

Papagaj

papegøje

Severni medved

isbjørn

Pingvin

pingvin

Morski pes

haj

Pav

påfugl

Kača

slange

Krokodil

krokodille

Oskrbnik v živalskem vrtu

dyrepasser

Tjulenj

sæl

Jaguar

jaguar

Poni

pony

Leopard

leopard

Povodni konj

flodhest

Žirafa

giraf

Orel

ørn

Divji prašič

vildsvin

Riba

fisk

Želva

skildpadde

Mrož

hvalros

Lisica

ræv

Gazela

gazelle

Ameriški nogomet
amerikansk football

Kolesarjenje
cykling

Tenis
tennis

Košarka
basketball

Plavanje
svømning

Hokej
ishockey

Boks
boksning

Nogomet

fodbold

Badminton

badminton

Atletika

atletik

Rokomet

håndbold

Smučanje

skiløb

Polo

polo

Dejavnosti
aktiviteter

Smejati se
grine
Skočiti
springe
Objeti
give et knus
Hoditi
gå
Peti
synge
Sanjati
drømme
Moliti
bede
Poljubiti
kysse

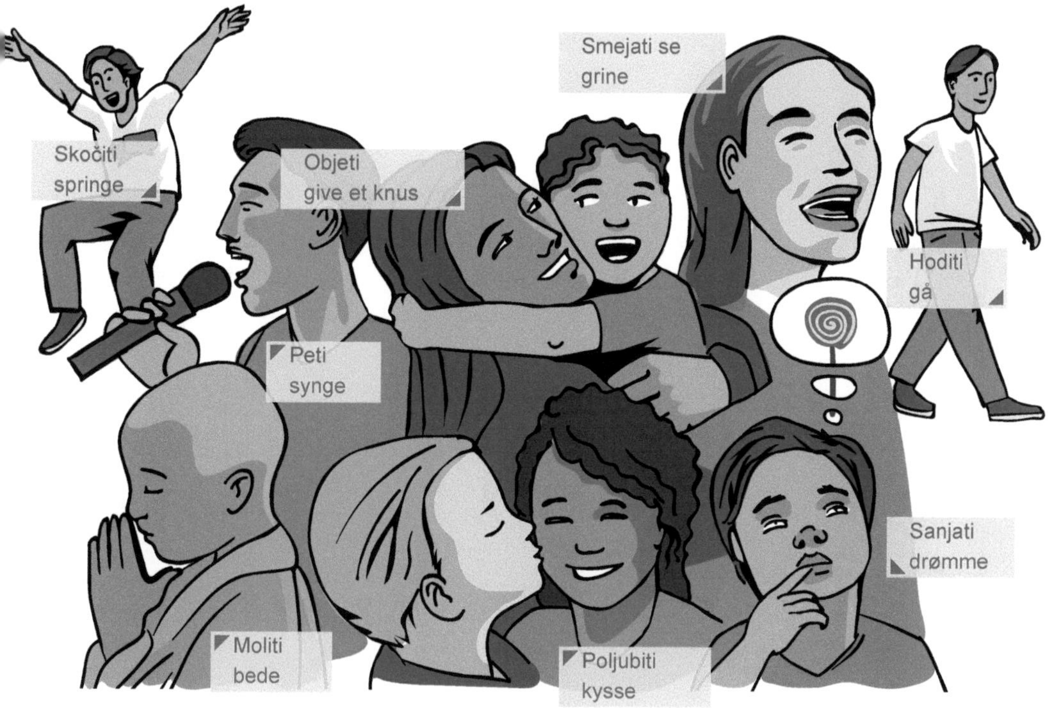

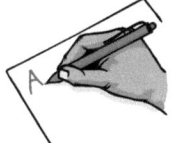

Pisati

skrive

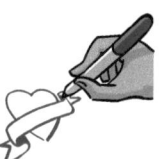

Risati

tegne

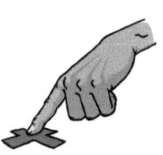

Pokazati

vise

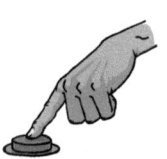

Potisniti

skubbe

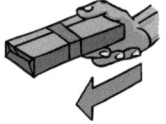

Dati

give

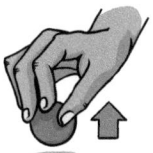

Vzeti

tage

Imeti

have

Narediti

gøre

Biti

være

Stati

stå

Teči

løbe

Vleči

trække

Vreči

kaste

Pasti

falde

Ležati

ligge

Čakati

vente

Nositi

bære

Sedeti

sidde

Obleči se

tage på

Spati

sove

Zbuditi se

vågne

Gledati

se på

Jokati

græde

Božati

ae

Česati se

kæmme

Govoriti

tale

Razumeti

forstå

Vprašati

spørge

Poslušati

høre

Piti

drikke

Jesti

spise

Pospraviti

rydde op

Ljubiti

elske

Kuhati

koge

Voziti

køre

Leteti

flyve

Jadrati

sejle

Računanje

regne

Brati

læse

Učiti se

lære

Delati

arbejde

Poročiti se

gifte sig med

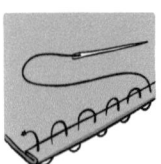

Šivati

sy

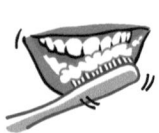

Ščetkati si zobe

børste tænder

Ubiti

dræbe

Kaditi

ryge

Poslati

sende

Družina
familie

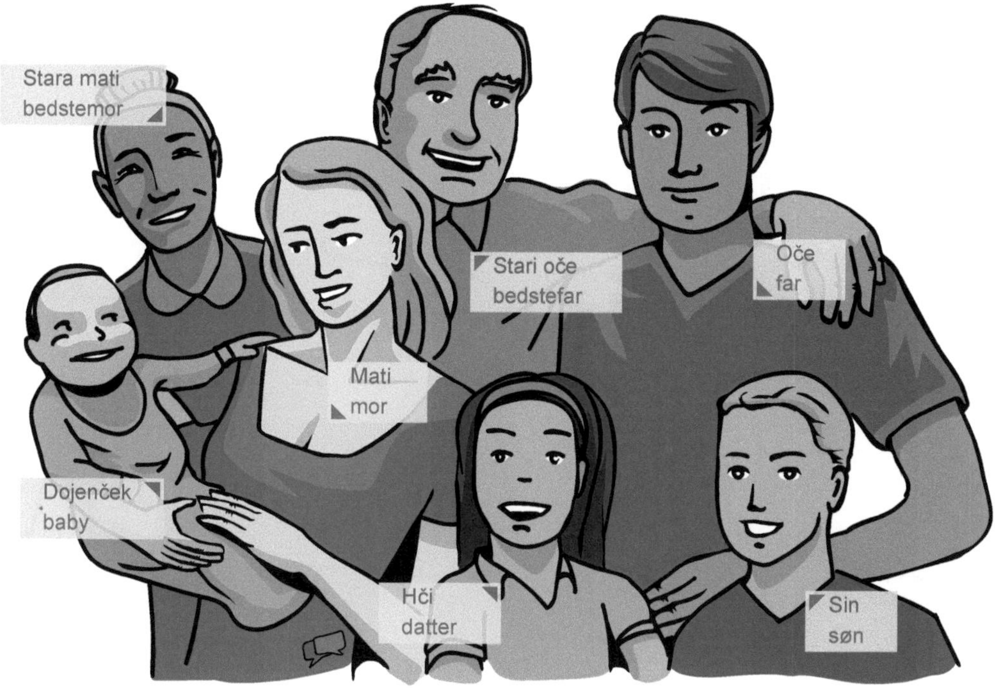

Stara mati
bedstemor
Stari oče
bedstefar
Oče
far
Mati
mor
Dojenček
baby
Hči
datter
Sin
søn

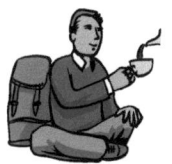

Gost

gæst

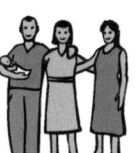

Teta

tante

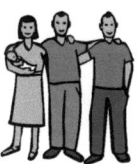

Stric

onkel

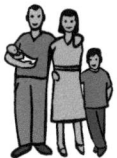

Brat

bror

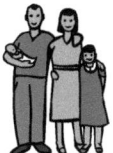

Sestra

søster

Telo

krop

Čelo
pande
Oko
øje
Rama
skulder
Prst
finger
Obraz
ansigt
Brada
hage
Dlan
hånd
Noga
ben
Prsi
bryst
Roka
arm

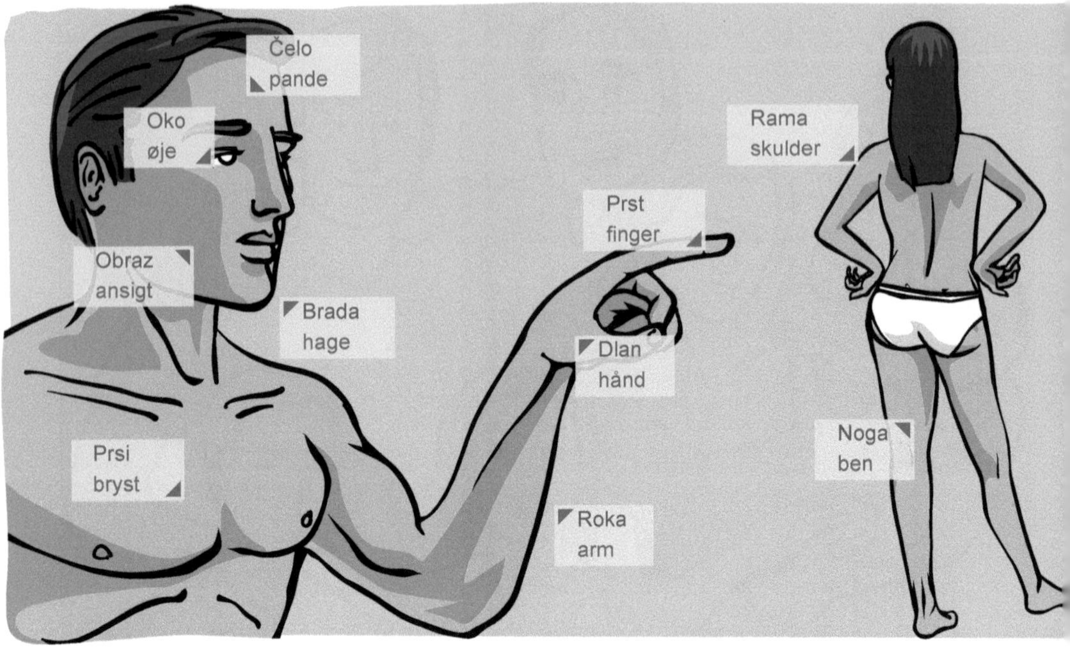

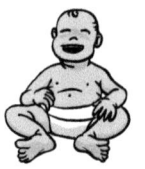

Dojenček

baby

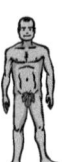

Človek

mand

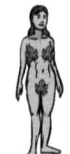

Ženska

kvinde

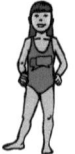

Dekle

pige

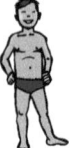

Fant

dreng

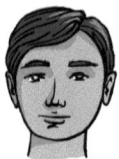

Glava

hoved

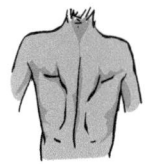

Hrbet

ryg

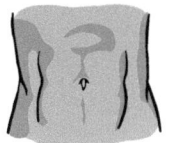

Trebuh

mave

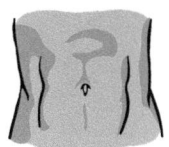

Popek

navle

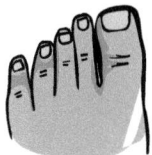

Prst na nogi

tå

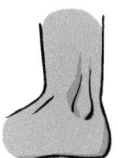

Peta

hæl

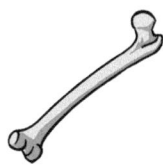

Kost

knogle

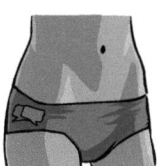

Kolk

hofte

Koleno

knæ

Komolec

albue

Nos

næse

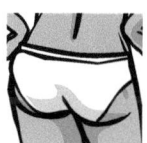

Zadnjica

bagdel

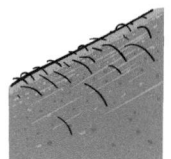

Koža

hud

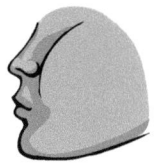

Lice

kind

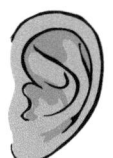

Uho

øre

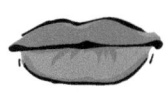

Ustnica

læbe

Usta

mund

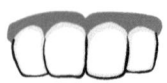

Zob

tand

Jezik

tunge

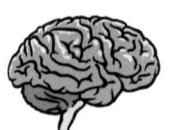

Možgani

hjerne

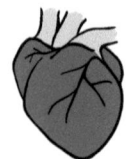

Srce

hjerte

Mišica

muskel

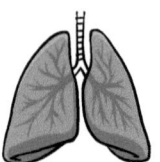

Pljuča

lunge

Jetra

lever

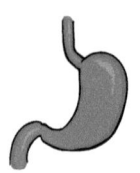

Želodec

mavesæk

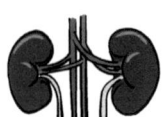

Ledvice

nyrer

Spolni odnos

sex

Kondom

kondom

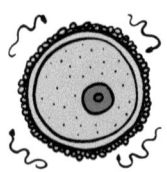

Jajčece

ægcelle

Semenska tekočina

sperm

Nosečnost

svangerskab

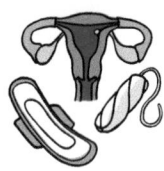

Menstruacija

menstruation

Vagina

vagina

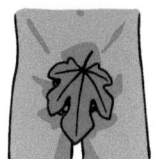

Penis

penis

Obrv

øjenbryn

Lasje

hår

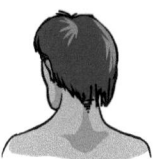

Vrat

hals

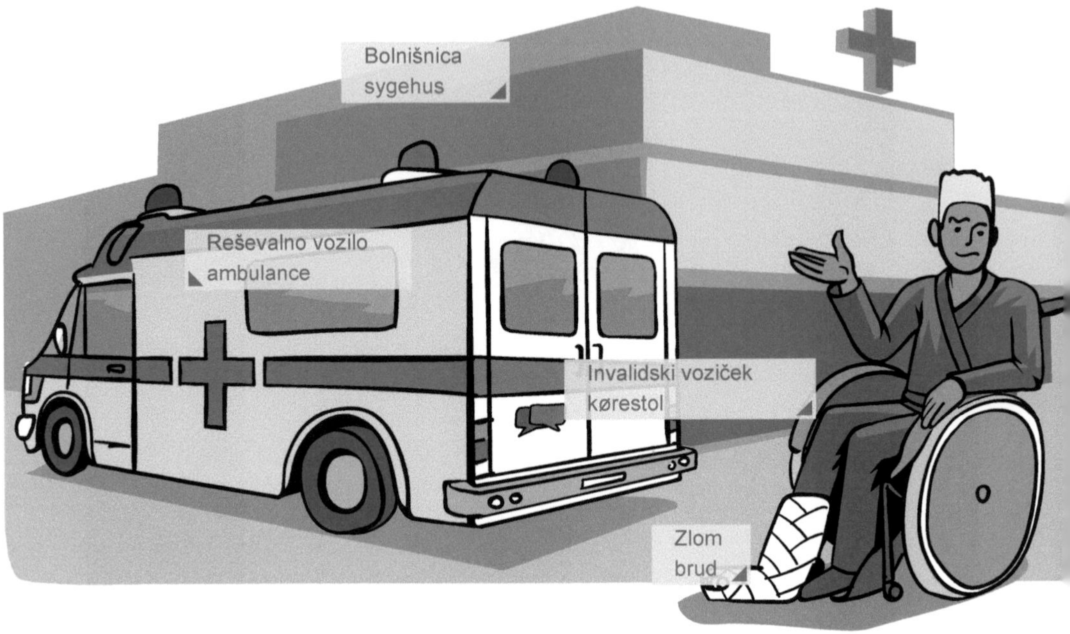

Bolnišnica
sygehus

Bolnišnica
sygehus
Reševalno vozilo
ambulance
Invalidski voziček
kørestol
Zlom
brud

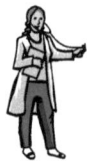

Zdravnik

lække

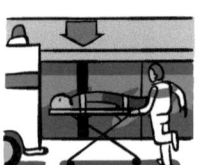

Urgenca

akutmodtagelse

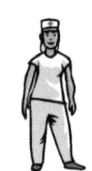

Medicinska sestra

sygeplejerske

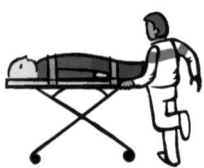

Nujni primer

nødstilfælde

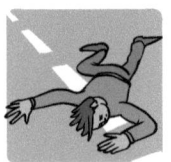

Nezavesten

bevidstløs

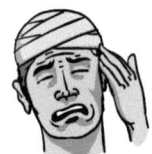

Bolečina

smerte

Poškodba

skade

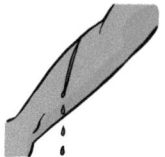

Krvavenje

blødning

Srčni infarkt

hjerteinfarkt

Kap

slagtilfælde

Alergija

allergi

Kašelj

hoste

Vročina

feber

Gripa

influenza

Driska

diarré

Glavobol

hovedpine

Rak

kræft

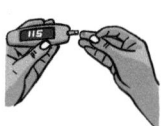

Sladkorna bolezen

diabetes

Kirurg

kirurg

Skalpel

skalpel

Operacija

operation

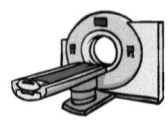

CT

CT

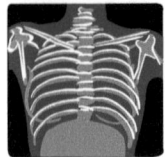

Rentgen

røntgen

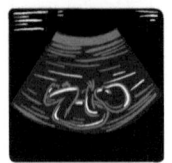

Ultrazvok

ultralyd

Obrazna maska

maske

Bolezen

sygdom

Čakalnica

venteværelse

Bergla

krykke

Obliž

plaster

Preveza

forbinding

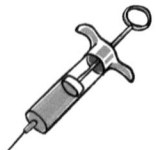

Injekcija

injektion

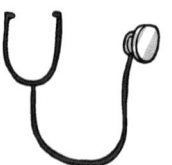

Stetoskop

stetoskop

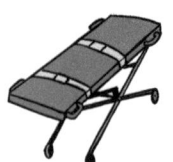

Nosila

båre

Klinični termometer

termometer

Porod

fødsel

Prekomerna teža

overvægt

Slušni pripomoček

høreapparat

Razkužilo

desinficerende middel

Okužba

infektion

Virus

virus

HIV / AIDS

HIV / AIDS

Medicina

medicin

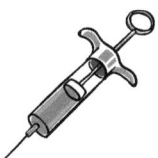

Cepljenje

vaccination

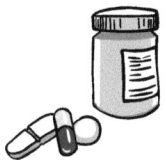

Tablete

tabletter

Tableta

pille

Klic v sili

nødopkald

Merilnik krvnega tlaka

blodtryksmåler

bolano / zdravo

syg / rask

Na pomoč!

Hjælp!

Alarm

alarm

Napad

overfald

Napad

angreb

Nevarnost

fare

Izhod v sili

nødudgang

Gori!

Det brænder!

Gasilni aparat

ildslukker

Nezgoda

uheld

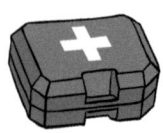

Komplet za prvo pomoč

førstehjælps-kuffert

SOS

SOS

Policija

politi

Evropa

Europa

Severna Amerika

Nordamerika

Južna Amerika

Sydamerika

Afrika

Afrika

Azija

Asien

Avstralija

Australien

Atlantski ocean

Atlanterhavet

Tihi ocean

Stillehavet

Indijski ocean

Indiske Ocean

Južni ocean

Sydlige Ishav

Arktični ocean

Ishav

Severni tečaj

Nordpol

Južni tečaj

Sydpol

Antarktika

Antarktis

Zemlja

Jorden

Kopno

land

Morje

hav

Otok

ø

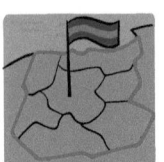

Narod

nation

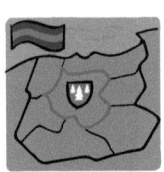

Država

stat

Številčnica

urskive

Urni kazalec

timeviser

Minutni kazalec

minutviser

Sekundni kazalec

sekundviser

Koliko je ura?

Hvad er klokken?

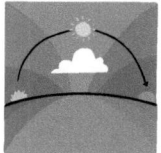

Dan

dag

Čas

tid

Zdaj

nu

Digitalna ura

digitalur

Minuta

minut

Ura

time

Teden

uge

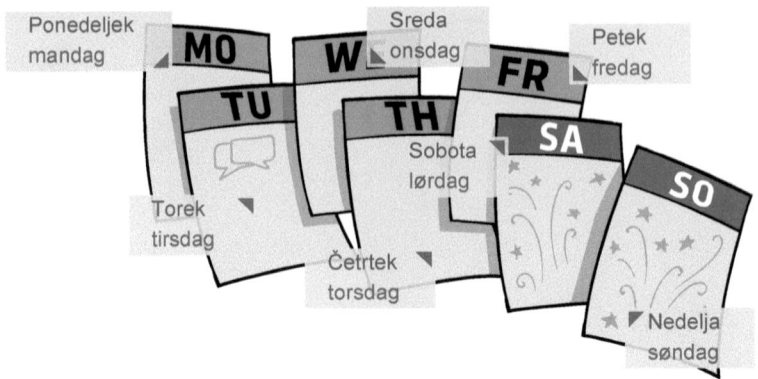

Včeraj

i går

Danes

i dag

Jutri

i morgen

Jutro

morgen

Poldne

middag

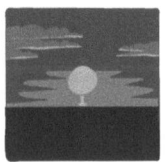

Večer

aften

MO	TU	WE	TH	FR	SA	SU
1	2	3	4	5	6	7
8	9	10	11	12	13	14
15	16	17	18	19	20	21
22	23	24	25	26	27	28
29	30	31	1	2	3	4

Delovni dnevi

arbejdsdage

MO	TU	WE	TH	FR	SA	SU
1	2	3	4	5	6	7
8	9	10	11	12	13	14
15	16	17	18	19	20	21
22	23	24	25	26	27	28
29	30	31	1	2	3	4

Konec tedna

weekend

Dež
regn

Mavrica
regnbue

Veter
vind

Sneg
sne

Pomlad
forår

Jesen
efterår

Poletje
sommer

Zima
vinter

4.APRIL	11°	☀
5.APRIL	4°	
6.APRIL	13°	
7.APRIL	8°	
8.APRIL	10°	☀

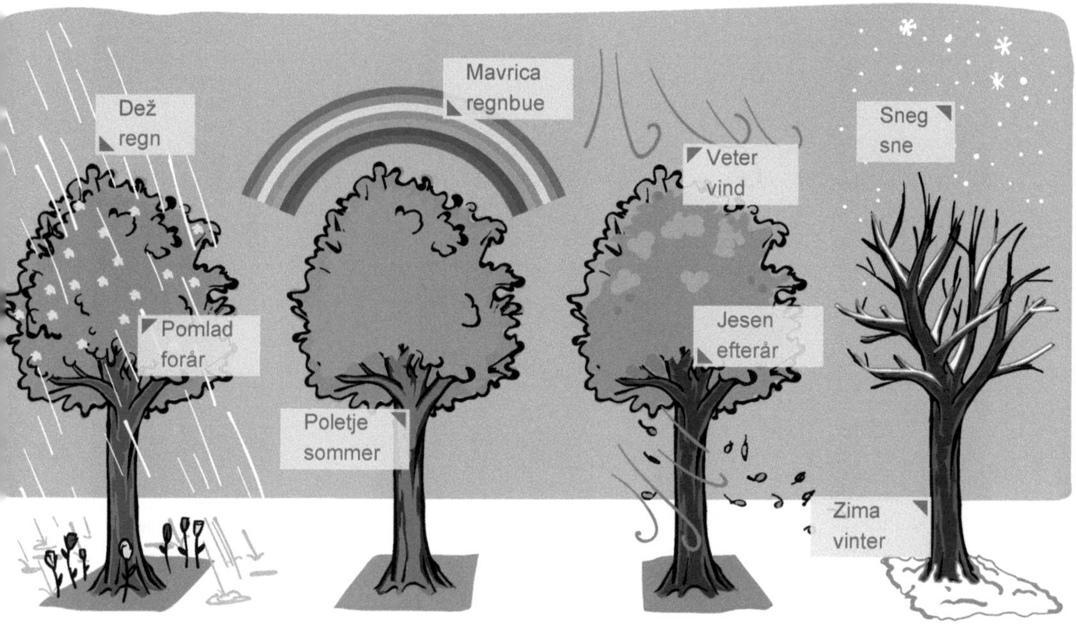

Vremenska napoved
....
vejrudsigt

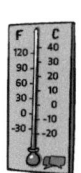

Termometer
....
termometer

Sončna svetloba
....
solskin

Oblak
....
sky

Megla
....
tåge

Vlažnost
....
luftfugtighed

Strela

lyn

Grom

torden

Nevihta

storm

Toča

hagl

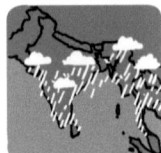

Monsun

monsun

Poplava

flod

Led

is

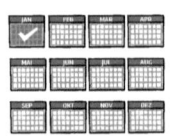

Januar

januar

Februar

februar

Marec

marts

April

april

Maj

maj

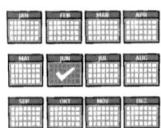

Junij

juni

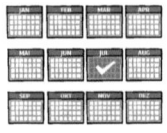

Julij

juli

Avgust

august

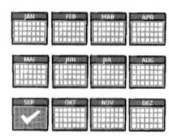

September
....
september

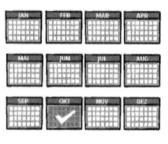

Oktober
....
oktober

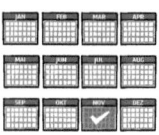

November
....
november

December
....
december

Krogla
....
cirkel

Kvadrat
....
kvadrat

Pravokotnik
....
firkant

Trikotnik
....
trekant

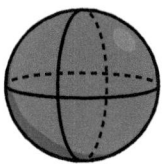

Krogla
....
kugle

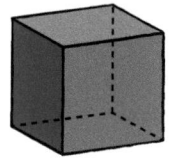

Kocka
....
terning

Barve
farver

Bela
....
hvid

Rumena
....
gul

Oranžna
....
orange

Rožnata
....
pink

Rdeča
....
rød

Vijolična
....
lilla

Modra
....
blå

Zelena
....
grøn

Rjava
....
brun

Siva
....
grå

Črna
....
sort

veliko / malo

meget / lidt

jezno / umirjeno

rasende / fredelig

lepo / grdo

smuk / grim

začetek / konec

begyndelse / slut

veliko / majhno

stor / lille

svetlo / temno

lys / mørk

brat / sestra

bror / søster

čisto / umazano

ren / snavset

popolno / nepopolno

fuldkommen / ufuldkommen

dan / noč

dag / nat

mrtvo / živo

død / levende

široko / ozko

bred / smal

užitno / neužitno

spiselig / uspiselig

zlobno / prijazno

vred / venlig

vznemirjeno / zdolgočaseno

ophidset / kedet

debelo / vitko

tyk / tynd

prvo / zadnje

først / sidst

prijatelj / sovražnik

ven / fjende

polno / prazno

fuld / tom

trdo / mehko

hård / blød

težko / lahko

tung / let

lakota / žeja

sult / tørst

bolano / zdravo

syg / rask

nezakonito / zakonito

illegal / legal

pametno / neumno

intelligent / dum

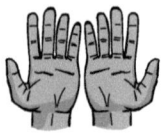

levo / desno

venstre / højre

blizu / daleč

nær / fjern

novo / rabljeno

ny / brugt

nič / nekaj

intet / noget

staro / mlado

gammel / ung

vklopljeno / izklopljeno

tændt / slukket

odprto / zaprto

åben / lukket

tiho / glasno

stille / højt

bogato / revno

rig / fattig

prav / narobe

rigtig / forkert

grobo / gladko

ru / glat

žalostno / veselo

ked af det / lykkelig

kratko / dolgo

kort / lang

počasi / hitro

langsom / hurtig

mokro / suho

våd / tør

toplo / hladno

varm / kold

vojna / mir

krig / fred

Števila

tal

0	**1**	**2**
Ničla	Ena	Dva
nul	en	to

3	**4**	**5**
Tri	Štiri	Pet
tre	fire	fem

6	**7**	**8**
Šest	Sedem	Osem
seks	syv	otte

9	**10**	**11**
Devet	Deset	Enajst
ni	ti	elleve

12

Dvanajst

tolv

13

Trinajst

tretten

14

Štirinajst

fjorten

15

Petnajst

femten

16

Šestnajst

seksten

17

Sedemnajst

sytten

18

Osemnajst

atten

19

Devetnajst

nitten

20

Dvajset

tyve

100

Sto

hundrede

1.000

Tisoč

tusinde

1.000.000

Milijon

million

Angleščina

engelsk

Ameriška angleščina

amerikansk engelsk

Mandarinščina

kinesisk mandarin

Hindujščina

hindi

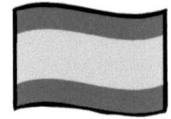

Španščina

spansk

Francoščina

fransk

Arabščina

arabisk

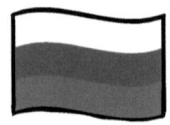

Ruščina

russisk

Portugalščina

portugisisk

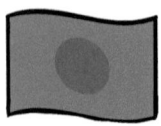

Bengalščina

bengalsk

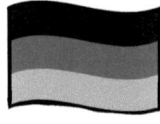

Nemščina

tysk

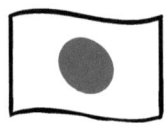

Japonščina

japansk

Jaz

jeg

Ti

du

On / ona / tisto

han / hun / den / det

Mi

vi

Vi

I

Oni

de

Kdo?

hvem?

Kaj?

hvad?

Kako?

hvordan?

Kje?

hvor?

Kdaj?

hvornår?

Ime

navn

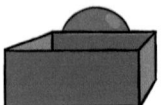

Zadaj

bag

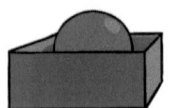

V

i

Pred

foran

Nad

over

Na

på

Pod

under

Poleg

ved siden af

Med

imellem

Kraj

sted